BEI GRIN MACHT SICH IHR WISSEN BEZAHLT

AF153346

- Wir veröffentlichen Ihre Hausarbeit,
  Bachelor- und Masterarbeit

- Ihr eigenes eBook und Buch -
  weltweit in allen wichtigen Shops

- Verdienen Sie an jedem Verkauf

Jetzt bei www.GRIN.com hochladen
und kostenlos publizieren

GRIN

Shitstorm. Der Umgang mit Kritik im Social Web

Jessica Pchaiek

Bibliografische Information der Deutschen Nationalbibliothek:

Die Deutsche Nationalbibliothek verzeichnet diese Publikation in der Deutschen Nationalbibliografie; detaillierte bibliografische Daten sind im Internet über http://dnb.d-nb.de abrufbar.

ISBN: 9783346235466
Dieses Buch ist auch als E-Book erhältlich.

© GRIN Publishing GmbH
Nymphenburger Straße 86
80636 München

Alle Rechte vorbehalten

Druck und Bindung: Books on Demand GmbH, Norderstedt Germany
Gedruckt auf säurefreiem Papier aus verantwortungsvollen Quellen

Das vorliegende Werk wurde sorgfältig erarbeitet. Dennoch übernehmen Autoren und Verlag für die Richtigkeit von Angaben, Hinweisen, Links und Ratschlägen sowie eventuelle Druckfehler keine Haftung.

Das Buch bei GRIN: https://www.grin.com/document/916886

Einsendeaufgabe

New Media Management

Von:

Jessica Pchaiek

2.

Inhaltsverzeichnis

Abkürzungsverzeichnis

Abs.	Absatz
ARD	Das Erste (Fernsehnetzwerk)
Art.	Artikel
Aufl.	Auflage
bspw.	beispielsweise
bzw.	beziehungsweise
ca.	circa
d.h.	das heißt
ebd	Ebenda
et al.	(lateinisch) und andere
f.	folgende Seite
ff.	folgende Seiten
ggf.	gegebenenfalls
HAZ	Hannoversche Allgemeine Zeitung
insb.	Insbesondere
Kap.	Kapitel
Nr.	Nummer
o.Ä.	oder Ähnliches
o.J.	ohne Jahr
S.	Seite
sog.	so genannt

SZ	Süddeutsche Zeitung
usw.	und so weiter
u.v.m.	und vieles mehr
vgl.	vergleiche

Abbildungsverzeichnis

1   Ignorieren von Kommentaren auf Facebook

Soziale Netzwerke wie Facebook sind interaktive Plattformen. Die Plattform dient den Kommunikationszwecken. Sie ermöglicht binnen kürzester Zeit viele Menschen zu erreichen. Diese Art der Kommunikation im medialen Raum wird One-To-Many-Kommunikation genannt. Die öffentliche Kommunikation hat sich durch die Schnelllebigkeit des sozialen Webs verändert. Soziale Netzwerke sind mittlerweile ein selbstverständlicher Bestandteil der Gesellschaftskommunikation geworden. Der Unterschied zu den offline Medien wie Fernsehen, Radio oder Zeitung ist, dass soziale Medien einen sogenannten Rückkanal besitzen. Sobald eine Botschaft empfangen wird, kann auf diese direkt und in Echtzeit reagiert werden. Der Nutzer tritt mit dem Unternehmen in eine Art Dialog.[1]

Der Nachteil der Echtzeitkommunikation mit den Stakeholdern ist, dass Unternehmen dem Risiko ausgesetzt sind, dass bestimmte Handlungen oder Entscheidungen öffentlich kritisch diskutiert werden können. Negative Kommentare erhalten hierbei eine höhere Aufmerksamkeit und können sich schnell verbreiten. Daher müssen Unternehmen strategisch auf negative Kommentare reagieren, um keinen sogenannten Shitstorm nach sich zu ziehen.[2] Ein Shitstorm ist ein „Sturm der Entrüstung in einem Kommunikationsmedium des Internets, der zum Teil mit beleidigenden Äußerungen einhergeht".[3] Shitstorms können dem Unternehmen auf verschiedene Art und Weise schaden (näheres hierzu in Kapitel 3).

Negative Kommentare können sich schnell in den sozialen Medien ausbreiten. Die schnelle Ausbreitung wird Many-To-Many Phänomen bezeichnet. Aufgrund der großen Reichweite birgt es die Gefahr eines Kontrollverlustes. Für das Unternehmen stellt dies ein erhebliches Risiko dar, denn jeder Nutzer kann ungefiltert, sowohl anonym als auch nicht anonym, seine Kritik äußern.[4]

---

[1] Vgl. Bilker (2011), S. 153 ff.
[2] Gerhards / Neidhardt (1990), S. 32
[3] Duden (2020)
[4] Vgl. Bilker (2011), S. 156

Wie äußert sich ein negativer Kommentar? Jedes Unternehmen stuft die Kommentare im eigenen Ermessen ein. Hierbei wird darauf geachtet ob der Kommentar beleidigend, unsachlich, unhöflich oder ein Rechtsverstoß darstellt. Nachfolgend wird erörtert welche Vor- und Nachteile das Ignorieren von negativen Kommentaren hat.

Das Ignorieren von Kommentaren ist Teil der No-Response-Strategie. Sie zeichnet sich dadurch aus, dass keine Reaktion auf die veröffentlichte Kritik erfolgt. Das Ignorieren von negativen Kommentaren hat zum Vorteil, dass es für das Unternehmen vorerst den einfacheren Weg darstellt. Das Unternehmen geht nicht genauer auf den Sachverhalt ein und bietet hiermit keine weiteren Anlässe für weitere Kritik. Es vermeidet negative Konsequenzen. Ein weiterer Grund für die No-Response-Strategie ist die Platzierung des kritischen Kommentares. Ist der kritische Kommentar zwischen mehreren neutralen oder positiven Kommentaren angesiedelt, wird er übersehen oder findet kaum Beachtung. Die anderen Kommentare gleichen somit den negativen Kommentar aus. Die Strategie sollte nur angewendet werden, wenn die Kritik kein reales Problem verbirgt. Hierbei muss das Unternehmen jedoch darauf achten, dass ein Kommentar nur gering bis schwach ausgeprägte Antezedenzien hat. Je höher die Ausprägung, desto höher ist das Gefährdungspotential, daher muss die Situation weiter beobachtet werden.[5]

Jedoch zieht das Ignorieren von Kritik meistens einen Shitstorm nach sich. Der User fühlt sich unverstanden und nicht ernst genommen. Sobald weitere Stakeholder das gleiche Problem haben, ist dies der Anfang eines Shitstorms.

Die Firma Dell stellt eines der Beispiele dar, die aufgrund von nicht Handeln einen Shitstorm auslösten. Der Journalismus-Dozent Jeff Jarvis von buzzmachine.com löste diesen anhand eines wütenden Blog-Beitrages aus. In seinem Beitrag monierte er über die Produktqualität sowie den schlechten Service. Die Firma Dell reagierte anfangs nicht auf den Blogbeitrag und ignorierte diesen. Andere Blogger, die das gleiche Problem mit der Firma hatten, schlossen sich der

---

[5] Vgl. Beham (2015), S. 15 ff.

Meinung von Jarvis an und verfassten ähnliche Beiträge. Dell reagierte zuerst gar nicht auf diese Kritik und ignorierte den Blog-Eintrag. Andere Blogger, denen es offenbar genau so ging, verfassten daraufhin ähnliche Beiträge. Die Kritik ging viral und der Shitstorm wurde unter dem Namen „Dell Hell" bekannt.[6]

Die Folgen des Shitstorms waren, dass die Reputation des Unternehmens starken Schaden genommen hatte, Verkäufe und Aktienkurse sanken und das Unternehmen daraufhin 150 Mio. US-Dollar in die Verbesserung des Kundenservice und die Entwicklung einer Social-Media-Strategie investierte. Dell reagierte auf die Kritik und führte DellConnect ein, was ein Remote Hilfe Programm zur schnelleren Beantwortung von Kundenanfragen ist. Ebenfalls führte Dell einen Blog namens Direct2Dell sowie eine Feedback-Plattform namens IdeaStorm.com ein. Auf IdeaStorm. Com können Kunden ihre Meinung und Verbesserungsvorschläge einbringen.[7]

In einem höheren Ausmaß traf es die Firma Amazon. Der Shitstorm dauerte über zwei Wochen an. Nachdem die Reportage auf ARD „Ausgeliefert! Leiharbeiter bei Amazon[8]" ausgestrahlt wurde, brach der Shitstorm auf Social Media am 13.02.2013 aus. Folgende Kommentare wurden auf Amazons Facebook Seite veröffentlicht:

- „Nie wieder Amazon! Menschenverachtende Firmenpolitik!!!!! Schämt euch!!!!!"[9],
- „Faschisten, Abzocker, Menschenhändler"[10],
- „Solche Machenschaften kann man nur mit Boykott ahnden"[11].

---

[6] Vgl. Buchenau / Fürstbauer (2015), S. 76
[7] Vgl. Steinke (2014), S. 4
[8] Vgl. YouTube (2013) [Reportage]
[9] El Cativa (2013) [Facebook Kommentar]
[10] Sab Rina (2013) [Facebook Kommentar]
[11] Focus Online (2013)

Bevor die Reportage ausgestrahlt wurde, fingen die User bereits auf der Facebook Seite an Kritik zu üben. Die Facebook Kommentare wurden über die Zeit immer aggressiver und wütender:

- „Lohnsklaverei und Ausbeutung? Pfui Teufel!"[12],
- „Sklavenhändler + Neonazis = Amazon!"[13]

Unmittelbar nach der Ausstrahlung wurde eine Protestseite erstellt, die den Titel „amazon? Nein Danke" trug und auf der Amazon Facebook Seite veröffentlicht.[14] Hier war es den Usern möglich durch einen Klick auf „Gefällt mir" ihre Zustimmung zu signalisieren, Links zum Thema zu veröffentlichen und Kommentare zu schreiben. Das Thema breitete sich viral aus und wurde ebenfalls von der Presse publiziert. Hierzu äußerten sich der Focus[15], FAZ[16], SZ[17], der Spiegel[18] und die Welt[19]. Selbst im Ausland wurde dieser Skandal zum Thema, hier berichteten The Independent[20], die Financial Times[21], die New York Times[22] sowie die chinesische Tageszeitung Global Times[23]. Amazon äußerte sich zu dem Vorfall erst am 18.02.2013 auf Facebook, sechs Tage nach den ersten negativen Kommentaren. Sie veröffentlichten eine Stellungnahme, dass es die „Vorwürfe bezüglich der Situation im Seepark Ost während der Weihnachtszeit"[24] sehr ernst nehme.[25]

Anhand der zwei Beispiele von Dell und Amazon wird deutlich, dass negative Kommentare nicht ignoriert werden sollten. Der Nutzer fühlt sich missverstanden und vom Unternehmen nicht ernst genommen, woraufhin er Social Media nutzt,

---

[12] Meier (2013) [Facebook Kommentar]
[13] Nie Mand (2013) [Facebook Kommentar]
[14] Amazon (2013) [Beitrags Post]
[15] Focus Online (2013)
[16] Vgl. Lübberding (2013)
[17] Vgl. Langenau (2013)
[18] Vgl. Kwasniewski (2013)
[19] Vgl. Fuest (2013)
[20] Vgl. Paterson (2013)
[21] Vgl. O'Connor (2013)
[22] Vgl. Eddy (2013)
[23] Vgl. Global Times (2013)
[24] Amazon (2013) [Facebook Kommentar]
[25] Vgl. Decker (2019), S. 463 f.

um sich zu beschweren. Der Umgang mit Social-Media-Krisen, auch Shitstorm genannt, stellt eine der größten Herausforderungen für Unternehmen dar. Negative Kommentare können sich innerhalb kurzer Zeit verbreiten und weitere Nutzer werden dazu angeregt, ihre negative Einstellung zum Unternehmen in Form von Kommentaren, Beiträgen o.ä. ebenfalls zu veröffentlichen. Das Unternehmen verliert somit die Kontrolle über die Kommunikation.[26] Ein kurzes, neutrales Statement des Unternehmens kann hier bereits die Situation unter Kontrolle bringen.

Das Verbergen von Kommentaren kommt dem Ignorieren gleich. Dies wird in der nächsten Aufgabe näher erläutert.

---

[26] Vgl. Buchenau / Fürstbauer (2015), S. 75

2 Verbergen von Kommentaren

Facebook bietet an, unerwünschte Kommentare auszublenden. Der Kommentar wird, wie in Kapitel 1, ignoriert und zusätzlich für die Community unsichtbar. Der Vorteil des Verbergens eines Kommentares ist, dass der Autor sowie seine Freunde weiterhin den Kommentar einsehen können, jedoch ist dieser für andere Nutzer unsichtbar.[27] Dieser Vorgang mindert die Gefahr, dass ein Urheber bemerkt, dass sein Kommentar ausgeblendet wurde.

Das Verbergen ist die geminderte Form des Löschens. Das Löschen kommt einer Zensur gleich. Ersteller sowie Nutzer können einsehen, dass der Kommentar gelöscht wurde. Das Löschen eines Kommentares sollte die letzte Maßnahme sein. Gründe hierfür sind beispielsweise rechts- oder ehrverletzende Inhalte, Rassismus, Fremdwerbung oder Beleidigungen. Zu der Löschung eines Kommentars sollte kurz Stellung genommen werden, damit den Nutzern bewusst gemacht wird, dass der Beitrag nicht aus anderen Gründen, wie Nichtgefallen, zensiert wurde, sondern ein Regelverstoß vorlag.[28]

Laut Grundgesetzt hat jeder „[…] das Recht, seine Meinung in Wort, Schrift und Bild frei zu äußern und zu verbreiten und sich aus allgemein zugänglichen Quellen ungehindert zu unterrichten. Die Pressefreiheit und die Freiheit der Berichterstattung durch Rundfunk und Film werden gewährleistet. Eine Zensur findet nicht statt. (2) Diese Rechte finden ihre Schranken in den Vorschriften der allgemeinen Gesetze, den gesetzlichen Bestimmungen zum Schutze der Jugend und in dem Recht der persönlichen Ehre."[29]

Ein Beispiel für das Ausmaß, dass eine Zensur anrichten kann, ist die Firma Nestlé. Im Jahr 2010 lancierte die Umweltschutzorganisation Greenpeace eine Social-Media-Kampagne gegen Nestlé. Dem Konzern wird vorgeworfen, für die Produktion des Schokoriegels KitKat Palmöl zu verwenden. Zur Herstellung des Palmöls werden Regenwälder gerodet, wodurch der Lebensraum von Orang-

---

[27] Vgl. Facebook (2020)
[28] Vgl. Buchenau / Fürstbauer (2015), S. 77
[29] Grundgesetz für die Bundesrepublik Deutschland Art. 5

Utans bedroht wird. Hierzu wurde ein Parodie-Video der Firma Nestlé als Werbekampagne auf YouTube veröffentlicht. In dem Video wird ein Büromitarbeiter gezeigt, der verschiedene Unterlagen schreddert. Daraufhin macht der Mitarbeiter eine Pause laut dem Slogan „Have a Break, Have a KitKat". Gedankenverloren packt der Mitarbeiter sein vermeintliches KitKat aus. Die anderen Büromitarbeiter sowie der Zuschauer selbst, sehen dass das KitKat ein Finger eines Orang-Utans ist. Als der Mitarbeiter abbeißt, fließt ihm Blut aus dem Mund und spritzt auf die Tastatur seines Rechners. Anschließend wird das Outro eingeblendet: „Give the Orang-Utang a Break."[30]

Nestlés Reaktion auf das Video war es von der Plattform entfernen zu lassen. Dies war der Startschuss des Shitstorms. Das Video wurde mehrfach auf diversen Plattformen erneut hochgeladen, darunter YouTube, Vimeo, Facebook sowie auf der Greenpeace Homepage. Als Reaktion hierauf, ließ Nestlé das Video für den englischsprachigen Raum auf YouTube sperren. Als Folge finden die Nutzer an wütende Kommentare auf der Nestlé Facebook Seite zu hinterlassen:[31]

- „Ich finde schade, dass sich Nestlé scheinbar nicht ernsthaft mit der Palmöl-Problematik auseinandersetzt – Kitkat ist für mich gestorben!"[32]
- „Urwald zerstören, Menschen vertreiben, Tiere umbringen – da schmeckt kein Riegel mehr."[33]
- „#Nestlé, für mich schon immer ein Dreckskonzern, unterstützt nicht nur Gentechnik sondern auch Regenwaldabholzung."[34]

Einen Tag später verkündete das Unternehmen Nestlé, dass es die Verträge mit der Zulieferfirma gekündigt habe und durch einen anderen zertifizierten, nachhaltigen Palmölproduzenten ersetze. Der Protest der Nutzer hörte damit aber nicht auf, es kam zu Boykottaufrufen und auch die Massenmedien widmeten

---

[30] Vgl. Leichsenring (2013)
[31] Vgl. Buchenau / Fürstbauer (2015), S. 76
[32] Grether Julia (2010) [Facebook Kommentar]
[33] Green Lena (2010) [Facebook Kommentar]
[34] Fluff (2010) [Tweet]

sich dem Thema.[35] Die Nutzer finden an das KitKat-Logo in Killer-Logo zu ändern. Kritik an diesem Vorgehen wies Nestlé mit den Worten zurück, dass es ihre Facebook-Seite sei und sie die Regeln machen würden und die Logos direkt löschen werden.[36] Zwei Tage später wurde die englischsprachige KitKat Seite deaktiviert, die bis dahin 750.000 Fans zählte.[37] Über das Thema wurde weltweit berichtet, so auch in The Times. Der Skandal dauerte zwei Wochen.[38]

Einen weiteren Vergleich lieferte das Unternehmen Henkel auf seiner Pril Facebook Seite im Jahr 2011. Hier wurde zu einer Mitmach-Aktion aufgerufen, es sollte eine neue Design Edition für eine Spülmittelflasche von den Nutzern kreiert werden. Somit konnte jeder Fan am Wettbewerb teilnehmen sowie seine Meinung in Form eines Likes oder eines Kommentars kundgeben. Es wurden mehr als 50.000 Entwürfe eingereicht. Die Fangemeinde durfte unter den Designs seinen Favoriten wählen und Anschluss sollten vier Pril Juroren abstimmen. Der beliebteste Entwurf war ein Grillhähnchen mit dem Spruch „Schmeckt lecker nach Hähnchen!".[39] Daraufhin reagierte Henkel mit verschärften Teilnahmebedingungen, der Vorabüberprüfung der Designs und bereinigte das bis jetzt erzielte Ergebnis der Top-Designs.[40] Die im Nachhinein verschärften Bedingungen stießen auf Unmut bei den Fans.

- „Wer seine ‚Fans' auf die Art und Weise verarscht, verarscht den Konsumenten vlt. mit der Leistung des Produktes? Wenn ich demnächst mal wieder viel will, spül ich mit Palmolive & Co. Prost."[41]

Nachdem die Kommentare zunehmend aggressiver wurden, ermahnte Pril seine Community sachlich zu bleiben.[42] Henkel fing an Kommentare von der Facebook Seite zu entfernen, woraufhin die Community aggressiver reagierte:

---

[35] Vgl. Pörksen / Detel (2012), S. 207 f.
[36] Vgl. Hillebrand (2010)
[37] Vgl. Pörksen / Detel (2012) 202 ff.
[38] Vgl. Hutter (2010) [Blogbeitrag]
[39] Vgl. Breithut (2011)
[40] Vgl. Leichsenring (2013)
[41] Dehmön (2011) [Facebook Kommentar]
[42] Pril (2011) [Facebook Post]

- „Pril löscht wohl fleißig alles, was sie nicht gern hören wollen! Nie wieder Pril!"[43]

Nachdem Pril den Gewinner verkündete unter dem Vorwand, dass der Handel das Design ebenfalls akzeptieren muss, schrie die Community auf und bezichtigte Henkel der Manipulation.[44] Der Shitstorm weitete sich auch in diesem Fall aus und wurde zu Twitter sowie den Zeitungen wie der Focus[45] und der Spiegel[46] weitergetragen.

Beide Unternehmen haben starke Reputationsschäden davontragen müssen und haben das Vertrauen vieler Stakeholder verloren.

Anhand der Beispiele aus Kapitel 1 sowie aus Kapitel 2 ist klar zu erkennen, dass es erfolgsentscheidend für Unternehmen ist, schnellstmöglich auf Kommentare einzugehen. Der Nutzer sollte direkt besänftigt werden. Wenn das Unternehmen noch keine passende Antwort auf das Thema hat, bietet es sich an neutral zu reagieren, beispielsweise mit „wir kümmern uns darum". Das Unternehmen vermittelt dem Nutzer somit, dass er ernst genommen wird und es versucht eine Lösung für das Problem zu finden. Jedoch sollte auf solch eine Aussage zeitnah eine Antwort gefunden werden, weil der Konsument sonst annehmen könnte, seine Antwort wurde abgetan.[47]

Die einzigen Ausnahmen, um Kritik zu zensieren sind rechts- oder ehrverletzende Inhalte, Rassismus, Fremdwerbung oder Beleidigungen. Hierbei ist es wichtig, dass das Unternehmen Stellung zu der Entfernung nimmt, damit stets eine sachliche und transparente Kommunikation zwischen Unternehmen und Community vorliegt. Zusätzlich kann auf die Netiquette verwiesen werden. Die Netiquette sind rechtliche Regelungen und Nutzungsbedingungen der Plattformbetreiber. Sie stellt eine Art Verhaltenskodex dar. Jedes Unternehmen kann seine eigenen Regeln hierzu aufstellen und auf diese in solchen Situationen

---

[43] Knoblich (2011) [Facebook Kommentar]
[44] Vgl. Frickel (2011)
[45] Vgl. Frickel (2011)
[46] Vgl. Breithut (2011)
[47] Vgl. Buchenau / Fürstbauer (2015), S. 77 f.

verweisen.[48] Mit dem richtigen Umgang von negativer Kritik, kann ein Unternehmen dieses zu positiver PR umwandeln.

Damit die Kritik auf den unterschiedlichen Social Media Plattformen erfasst werden kann, müssen Unternehmen ein intensives Monitoring betreiben. Kapitel 3 beschäftigt sich mit dem Umgang externer Kritik und wie dieser vorgebeugt werden kann.

---

[48] Vgl. Decker (2019), S. 346

3   Der Umgang mit externer Kritik

Aus den beiden vorangegangen Kapiteln lässt sich ableiten, dass externe Kritik ernst genommen werden sollte. In dem folgenden Abschnitt wird erörtert, inwieweit Unternehmen auf externe Kritik reagieren und antworten sollten.

Der Umgang mit der externen Kritik ist ein wichtiges Instrument bei der Kommunikation zwischen Unternehmen und der Community. Die externe Kritik ist ernst zu nehmen und muss intern weiter erörtert werden. Eine gezielte Krisenprävention ist bei den Social-Media-Aktivitäten unerlässlich, damit das Vertrauen der User nicht verloren geht. Die Krisenkommunikation ist Teil des Krisenmanagements. Um die Erwartungen und Ansprüche der vernetzten Teilöffentlichkeiten zu erfüllen, muss sich das Unternehmen proaktiv mit den Chancen und Risiken der Plattform auseinandersetzen.[49] Der Prozess der Krisenkommunikation fängt bereits vor dem Eintreten der Krise an. Die Möglichkeit solch eine Krise zu steuern und Einfluss auf sie zu nehmen, hängt davon ab, wie gut sich das Unternehmen auf eine derartige Situation vorbereitet hat, denn generell ist eine Krise nur bedingt kontrollier- und lenkbar.[50]

Wichtig bei der Kommunikation mit der Zielgruppe ist eine offene und direkte Kommunikationsstrategie. Das größte Gefährdungspotential liegt bei einer voreiligen oder unprofessionellen Kommunikation gegenüber negativen Kommentaren. Der Nutzer fühlt sich missverstanden, übergangen oder ignoriert und verleitet andere Nutzer dazu ebenfalls zu reagieren. Diese Kommentare können einen Shitstorm auslösen und einen erheblichen Image- und Reputationsschaden bei dem Unternehmen verursachen, daher muss umgehend auf Kritik reagiert werden. Der Auslöser hat oftmals marketing, -produkt- oder servicespezifische Gründe.[51] Die Gründe sollten im Unternehmen genauer beobachtet und analysiert werden. Die Reaktion muss offen, ehrlich und

---

[49] Vgl. Ingenhoff / Röttger (2006), S. 321
[50] Vgl. Nolting / Thießen (2008), S. 10 f.
[51] Vgl. Decker (2019), S. 462 f.

authentisch sein und dem User keine falschen Versprechungen machen.[52] Facebook kann hier vom Vorteil sein, denn im Ernstfall dient es als schnelles und flexibles Krisenkommunikationsinstrument, welches zur Richtigstellung, Aufklärung sowie Informationsbereitstellung dient. Das Unternehmen kann somit proaktiv, schnell und direkt Einfluss auf die Situation nehmen.[53]

Das Krisenmanagement im Social-Media-Bereich wird auch Corporate Shitstorm Management oder generell Issue Management genannt. Es umfasst Maßnahmen für die frühzeitigen Erkennung sowie Reaktionsstrategien auf bereits eingetretene Shitstorms.

Damit eine schnelle Reaktion möglich ist, muss das Unternehmen personelle, strukturelle und prozessuale Maßnahmen vornehmen.[54] Hierzu gehören planbare Maßnahmen wie die Festlegung von Eskalationsstufen und Verantwortlichkeit sowie die Informationspflichten. Diese sind schriftlich festzuhalten, um im Ernstfall schnell abrufbar zu sein.[55]

Gleichzeitig muss eine Situationsanalyse durchgeführt werden, um angemessen auf Kommentare reagieren zu können. Hierfür ist die Erfassung von bestimmten Rahmenbedingungen notwendig, um generalisierbare Aussagen treffen zu können. Zu den Rahmenbedingungen gehört das Stakeholder-Mapping. Es wird festgehalten, welche Stakeholder-Gruppen mit dem Unternehmen in Verbindung stehen. Anschließend werden die Ansprüche der Gruppen sowie deren potenzielle Kritikpunkte herausgearbeitet. Dies schafft eine Übersicht, die im Ernstfall dabei helfen kann, kritische User sowie die damit einhergehende Situation schnell zu identifizieren. Das Eskalationspotenzial kann anhand der Gruppe schnell eingeordnet werden.[56]

---

[52] Vgl. Hermanni (2017), S. 118 f.
[53] Vgl. Garth (2008), S. 164 f.
[54] Vgl. Beham (2015), S. 5
[55] Vgl. Beham (2015), S. 8 f.
[56] Vgl. Morschett / Schramm-Klein / Zentes (2010), S. 223

18.

Des Weiteren muss die Situationsbeurteilung (hier Antezedenzien genannt), die Unternehmensreaktion sowie die möglichen Konsequenzen analysiert werden. Die folgende Abbildung zeigt die damit einhergehende Wirkungskette auf:

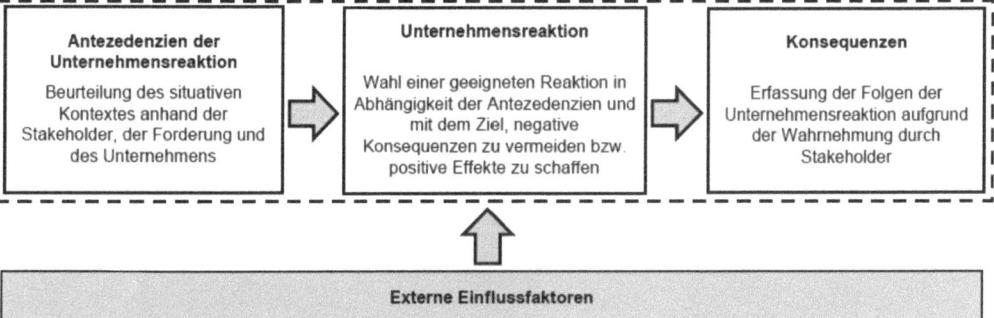

Abbildung 1: Situationsanalyse des Corporate Shitstorm Management[57]

Aus der Abbildung geht hervor, dass die Unternehmensreaktion sich aus der Beurteilung der Gesamtsituation bildet. Je nach Unternehmensreaktion bilden sich positive oder negative Konsequenzen für das Unternehmen. Ziel ist es negative monetäre und vor-monetäre Konsequenzen zu minimieren.[58]

Das Unternehmen muss somit eine Analyse durchführen aus der Sicht der Stakeholder und des Unternehmens, um anschließend dafür die geeignetste Handlungsstrategie festlegen. Wiederkehrende Ursachen für einen Shitstorm sind zum einen das Fehlverhalten des Unternehmens, Missverständnisse, andauernde Unzufriedenheit, unerfüllte Erwartungen, unterschiedliche Prinzipien oder Werte oder eine bestimmte Agenda seitens der Kunden.[59] Nachdem festgestellt wurde, warum der Stakeholder das Unternehmen kritisiert, muss dieses einschätzen inwiefern eine Dringlichkeit besteht und welche Forderungen damit einhergehen.

Das Unternehmen kann je nach Fall zwischen fünf Reaktionsstrategien wählen:

---

[57] Beham (2015), S. 12
[58] Vgl. Beham (2015), S. 11 f.
[59] Vgl. Stiegler / Breitenbach / Zorbach (2015), S. 20

1. No-Response-Strategie

   Bei der No-Response-Strategie entscheidet sich das Unternehmen dafür, dass Kommentar zu ignorieren (vgl. Kapitel 1). Es wird nicht weiter auf das Problem des Nutzers eingegangen, wodurch sich das Unternehmen von dem Problem abgrenzt und auf jeglichen Dialog verzichtet. Je nach Stakeholder-Gruppe kann dies verheerende Ausmaße annehmen. Sollte der Nutzer eine Antwort erwarten, wird er über das Ignorieren umso enttäuschter sein. Wird sich für diese Strategie entschieden, muss die Situation trotzdem weiter beobachtet werden. [60]

2. Denial-Strategie

   Hier wird der Missstand seitens des Unternehmens verneint. Der Vorteil dieser Strategie liegt darin, wenn das Unternehmen tatsächlich keine Schuld trifft, werden sie durch diese Aussage geschützt. Nachteilig ist, wenn der Nutzer nach der Wahrheit suchen sollte und dadurch die Reputation des Unternehmens gefährdet.[61]

3. Distance-Strategie

   Bei der Distance-Strategy wird der Missstand zugegeben, jedoch keine Verantwortung für übernommen. Durch das distanzieren wird ein erneutes Aufkommen nicht ausgeschlossen, was anschließend eine erneute Krisenursache darstellt.[62]

Die zwei letzten Strategien können negative Konsequenzen vermeiden und die Situation ins Positive umdrehen.

---

[60] Vgl. Duschlbauer / Martin / Saffarnia (), S.58 f.
[61] Vgl. PR Report (2017)
[62] Vgl. Beham (2015), S. 20

4. Apology-Strategie

Der Missstand wird öffentlich zugegeben und sich dafür bei den Stakeholder-Gruppen entschuldigt. Diese Strategie wird zum einen für die psychologische Kompensation der Stakeholder angewendet und zum anderen, wenn der Kostenaufwand den Missstand zu beheben höher als der Schaden eines Shitstorms wäre. Eine Entschuldigung vermittelt Verständnis und vermittelt den Nutzern, dass das Unternehmen sich ihrer angenommen hat und zum Dialog bereit ist.[63]

5. Concession-Strategie

Die letzte Strategie übernimmt die volle Verantwortung für den monierten Missstand. Sie wird gewählt, wenn der Schaden eines Shitstorms die Behebung übersteigt. Sie stellt die Glaubwürdigkeit wieder her, was in der Regel von den Stakeholdern als positiv wahrgenommen wird. Der Stakeholder fühlt sich verstanden bzw. erhört. Die Concession-Strategie muss nicht zwingend hohe Einsatzkosten aufweisen, hier kommt es auf den Missstand an. Wenn der Missstand fehlende Kommunikation gegenüber der Stakeholder-Gruppen ist, kann dies durch transparente Informationsweitergabe behoben werden. Das Unternehmen sucht nach intelligenten Lösungsansätze, die gleichzeitig ökonomisch sinnvoll sein sollen.[64]

Die Auswahl der Unternehmensreaktion sollte offen, ehrlich und direkt erfolgen. Hierbei spielen die Tonalität sowie das Wording eine große Rolle. Das Unternehmen muss klare und richtungsweisende Botschaften vermitteln, die nicht zu weiteren Missverständnissen führen.[65] Bereits bekannte sensible Themen sollten daher vorbereitet sein, damit das Unternehmen direkt eingreifen kann, hierzu gehören beispielsweise Entschuldigungsformeln, Hintergrundtexte,

---

[63] Vgl PR Report (2017) / vgl. Beham (2015), S. 20 / vgl. Sikkenga / Kleineberg (2017), S. 23 f.
[64] Vgl PR Report (2017) / vgl. Beham (2015), S. 20
[65] Vgl. Nolting / Thießen (2008), S. 145

21.

Branchenthemen, Erklärungen zu Produktionsprozessen oder mögliche Rückrufen.[66]

Festzuhalten ist, dass die falsche Art der Reaktion Folgen wie Reputations- und Imageverlust, reduziertes Kaufverhalten, negatives Weiterempfehlungsverhalten, Unmut bis hin zum Zorn sowie Vertrauensschäden haben kann.

Damit das Unternehmen frühzeitig entscheiden und diesen Folgen entgegenwirken kann, nutzt es Social-Media-Monitoring. Social-Media-Monitoring umfasst die Identifikation, Beobachtung und Analyse von Inhalten, die Nutzer ins Internet erstellen. Es behält den permanenten Überblick über aktuelle Themen, Meinungen, Meinungsbildnern (Influencer) und Kritikern bezüglich des eigenen Unternehmens sowie dem Wettbewerb geben. Der Fokus wird hierbei auf die Social-Media-Kanäle gelegt.[67] Das Unternehmen erstellt Listen von Schlagworten (Keyword Sets), nach denen das Social Web durchsucht wird. So können Krisensituationen rechtzeitig erkannt werden. Das Unternehmen erhält Warnmeldungen, sogenannte Hyper-Alerts, wenn problematische Beiträge veröffentlicht werden oder die Kommunikation plötzlich ansteigt. Das Monitoring hat nicht nur Vorteile für das Krisenmanagement, sondern beobachtet Trends, die Zielgruppe sowie den Wettbewerb. Es bietet dem Unternehmen die Möglichkeit Kampagnen darauf abzustimmen, welches das Kaufverhalten der Nutzer aktiv beeinflussen kann.[68]

Bei den Social-Media-Monitoring-Tools kann das Unternehmen auf kostenfreie- oder pflichtige Angebote zurückgreifen. Hierbei ist es wichtig, dass sich das Unternehmen vorab damit auseinandersetzt, wie und wofür dieses Tool verwendet werden kann. Die Ergebnisse müssen in Relation zum Unternehmen gesetzt und ausgewertet werden. Um ein Tool auszuwählen, muss das Unternehmen selbst entscheiden, auf was es Wert legt, wie z.B. die Darstellungsformen, Quellenarten, externer Zugriff, Betreuung der sozialen

---

[66] Vgl. Steinke (2014), S. 21
[67] Vgl. Sikkenga / Kleineberg (2017), S. 93 f.
[68] Vgl. Buchenau / Fürstbauer (2015), S. 83 ff.

Medien, Abdeckungsrate, Suchalgorithmus, Benutzerfreundlichkeit, Accountmanagement sowie der Umgang mit mehreren Suchanfragen.[69]

Monitoring Tools können präventive sowie nachsorgliche Vorteile mit sich bringen. Sie können keinen Shitstorm verhindern, können aber dafür sorgen, dass wirksame Vorkehrungen getroffen werden können.

Festzuhalten ist, dass aktives Krisenmanagement ebenfalls im Social Media Bereich durchzuführen ist. Unternehmen sollten, wenn möglich, auf Kritik zeitnah und ehrlich reagieren, so dass der Nutzer sich ernst genommen fühlt. Kapitel 1 und 2 haben Aufschluss darüber gegeben, dass es schwere Folgen haben kann, nicht auf externe Kritik zu reagieren. Die gemeinsame Aufgabe von Krisenmanagement und Krisenkommunikation ist es, diesen Verlusten so früh wie möglich entgegen zu wirken. Hierfür können spezielle Monitoring-Tools eingesetzt werden, um einen Gesamtüberblick über die Online Kommunikation der verschiedenen Stakeholder-Gruppen zu erlangen.

Social Media, in diesem Fall Facebook, bietet Chancen sowie Risiken mit der Community zu kommunizieren.

---

[69] Vgl. Buchenau / Fürstbauer (2015), S. 85 f.

Literaturverzeichnis

Beham, F. (2015) Corpotate Shitstorm Management. Konfrontationen im Social Web professionell managen. 1. Auflage. Springer Gabler: Wiesbaden.

Buchenau, P. / Fürtbauer, D. (2015) Chefsache Social Media Marketing. Wie erfolgreich Unternehmen heute den Markt der Zukunft bestimmen. 1. Auflage. Springer Gabler: Wiesbaden.

Decker, A. (2019) Der Social-Media-Zyklus. Schritt für Schritt zum systematischen Social-Media-Management im Unternehmen. 1. Auflage. Springer Gabler: Wiesbaden.

Duschlbauer, T. / Martin, S. / Saffarnia, P. (2018) Organisationskommunikation im Zeichen der Digitalisierung. 1. Auflage. Nomos Verlagsgesellschaft: Baden-Baden.

Garth, A. J. (2008) Krisenmanagement und Kommunikation. Das Wort ist ein Schwert – die Wahrheit ein Schild. 1. Auflage. Gabler / GWV Fachverlage GmbH: Wiesbaden.

Hermanni, A.-J. (2017) Studienbrief: Digital Media Management. Titel-Nr. 1207-02. 2. Auflage. SRH Fernhochschule: Riedlingen.

Morschett, D. / Schramm-Klein, H. / Zentes, J. (2015) Strategic International Management. 3. Auflage. Gabler Verlag: Wiesbaden.

Nolting, T. / Thießen, A. (Hrsg.) (2008) Krisenmanagement in der Mediengesellschaft. Potenziale und Perspektiven der Krisenkommunikation. 1. Auflage. VS Verlag für Sozialwissenschaften / GWV Fachverlage: Wiesbaden.

Pflugbeil, M. (2016) Erfolgreich mit Social Media: Soziale Netzwerke professionell nutzen. 1. Auflage. Haufe-Lexware GmbH: Freiburg.

Pörksen, B. / Detel, H. (2012) Der entfesselte Skandal. Das Ende der Kontrolle im digitalen Zeitalter. 1. Auflage. Herbert von Halem.

Sikkenga, J. / Kleineberg, C. (Hrsg.) (2017) Shitstorm Prävention. 1. Auflage. Springer-Verlag GmbH: Wiesbaden.

Steinke, L. (2014) Bedienungsanleitung für den Shitstorm. Wie gute Kommunikation die Wut der Masse bricht. 1. Auflage. Springer Gabler: Wiesbaden.

Stiegler, C. / Breitenbach, P. / Zorbach, T. (2015) New Media Culture: Mediale Phänomene der Netzkultur (Digitale Gesellschaft). 1. Auflage. transcript Verlag: Bielefeld.

Internetquellenverzeichnis

Amazon (2013) amazon? Nein Danke. Aufgrund des Beitrages heute Abend in der ARD, werden wir euch hier in Zukunft über die Machenschaften von amazon informieren. Schön wäre es, wenn ihr die Seite liked, und weiter teilt. Frei nach dem Motto: 100.000 Menschen gegen amazon.de. [Beitrags Post], veröffentlicht am 13.02.2013 auf: facebook.com/AmazonNeinDanke [Protestseite auf Facebook]

Amazon (2013) Amazon nimmt die Vorwürfe bezüglich der Situation im Seepark Ost während der Weihnachtszeit sehr ernst. [Facebook-Post], veröffentlicht am 18.02.2013 auf: facebook.com/Amazon.de [Deutsche Amazon-Fanseite]

Breithut, J. (2011) Soziale Netzwerke. Pril-Wettbewerb endet im PR-Debakel. Spiegel Online. Mai 2011.
URL: http://www.spiegel.de/netzwelt/netzpolitik/soziale-netzwerke-pril-wettbewerb-endet-im-pr-debakel-a-763808.html, Abruf: 26.05.2020

Dehmön, M. (2011) Wer seine ‚Fans' auf die Art und Weise verarscht, verarscht den Konsumenten vlt. mit der Leistung des Produktes? [Facebook-Kommentar], veröffentlicht am 19.05.2011 um 17:12 Uhr auf: facebook.com/PrilDeutschland [Deutsche Pril-Fanseite]

Duden (2020) Shitstorm, der.
URL: https://www.duden.de/rechtschreibung/Shitstorm, Abruf: 24.05.2020

Eddy, M. (2013) Amazon to Investigate Claims of Worker Intimidation at Distributor in Germany. New York Times Magazine. Februar 2013.
URL: http://www.nytimes.com/2013/02/16/world/europe/amazon-to-investigate-claims-of-worker-intimidation-at-german-centers.html?_r=2&, Abruf: 26.05.2020

El Cativa (2013) Nie wieder Amazon! [Facebook Kommentar], veröffentlicht am 13.02.2013 um 23:31 Uhr auf: facebook.com/Amazon.de [Deutsche Amazon-Fanseite]

Facebook (2020) Facebook Business. Administratorleitfaden für die Moderation deiner Seite.
URL: https://www.facebook.com/business/a/page-moderation-tips, Abruf: 26.05.2020

Fluff (2010) #Nestlé, für mich schon immer ein Dreckskonzern, ünterstützt nicht nur Gentechnik sondern auch Regenwaldabholzung [Tweet], veröffentlicht am 19.03.2010 um 06:03 Uhr
URL: https://twitter.com/photofluff/status/10721178467, Abruf: 26.05.2020

Focus Online (2013) Amazon-Reportage empört Facebook-User. Shitstorm gegen Versandhändler – jetzt droht ein Boykott. Februar 2013.
URL: http://www.focus.de/kultur/medien/amazon-reportage-empoert-facebook-user-shitstorm-gegen-versandhaendler-jetzt-droht-ein-boykott_aid_919785.html, Abruf: 24.05.2020

Frickel, C. (2011) Facebook. Aufstand gegen Pril-Wettbewerb. Focus Online. Mai 2011.
URL: http://www.focus.de/digital/internet/facebook/facebook-aufstand-gegen-pril-wettbewerb_aid_628554.html, Abruf: 26.05.2020

Fuest, B. (2013) Saisonarbeiter. Die dunkle Seite des Erfolgsmodells Amazon. Welt.de. Februar 2013.
URL: http://www.welt.de/wirtschaft/article113680813/Die-dunkle-Seite-des-Erfolgsmodells-Amazon.html, Abruf: 26.05.2020

Global Times (2013) Germany to probe claims of staff abuse. Global Times Magazine. Februar 2013.
URL: http://www.globaltimes.cn/content/762083.shtml, Abruf: 26.05.2020

Grether, J. (2010) Ich finde schade, dass sich Nestlé scheinbar nicht ernsthaft mit der Palmöl-Problematik auseinandersetzt [Facebook-Kommentar], veröffentlicht am 18.03.2010 um 20:19 Uhr auf: facebook.com/kitkatde [Deutsche KitKat-Fanseite]

Green, L. (2010) Urwald zerstören, Menschen vertreiben, Tiere umbringen [Facebook-Kommentar], veröffentlicht am 07.05.2010 um 12:05 Uhr auf: facebook.com/kitkatde [Deutsche KitKat-Fanseite]

Hillenbrand, T. (2010) Unternehmen im sozialen Netz. Die Facebook-Falle. Spiegel Online. April 2010
URL: http://www.spiegel.de/netzwelt/web/unternehmen-im-sozialen-netz-die-facebook-falle-a-688975.html, Abruf: 26.05.2020

Hutter, T. (2010) Facebook. Wenn Fanpages zum Kriegsschauplatz werden [Blogeintrag vom 21.03.2010], in: Thomas Hutter [Blog eines Unternehmensberaters]
URL: http://www.thomashutter.com/index.php/2010/03/facebook-wenn-fanpages-kriegsschauplatz-werden/, Abruf: 26.05.2020

Knoblich, D. (2011) Pril löscht wohl fleißig alles, was sie nicht gern hören wollen! [Facebook-Kommentar], veröffentlicht am 18.05.2011 um 09:02 Uhr auf: facebook.com/PrilDeutschland [Deutsche Pril-Fanseite]

Kwasniewski (2013) ARD-Dokumentation. Spiegel Online. Februar 2013.

Langenau (2013) ARD-Dokumentation über Leiharbeiter. Süddeutsche.de. Februar 2013.

Leichsenring, H. (2013) Fünf berühmte Social Media Shitstorms. Social Media Krise (2).
URL: https://www.der-bank-blog.de/fuenf-beruehmte-social-media-shitstorms/social-media/9504/, Abruf: 26.05.2020

Lübberding, F. (2013) Leiharbeiter bei Amazon. Made in China. Frankfurter Allgemeine Zeitung GmbH. Februar 2013. URL: http://www.faz.net/aktuell/feuilleton/medien/faz-net-fruehkritik/faz-net-fernsehkritik-leiharbeiter-bei-amazon-made-in-china-12080064.html, Abruf: 26.05.2020

Meier, S. (2013) Lohnsklaverei und Ausbeutung? Pfui Teufel! [Facebook Kommentar], veröffentlicht am 14.02.2013 um 07:41 Uhr auf: facebook.com/Amazon.de [Deutsche Amazon-Fanseite]

MM New Media GmbH (o. J.) Online Marketing Lexikon – Shitstorm, URL: https://unternehmer.de/lexikon/online-marketing-lexikon/shitstorm, Abruf: 23.05.2020

Nie Mand (2013) Sklavenhändler + Neonazis = Amazon! [Facebook Kommentar], veröffentlicht am 15.02.2013 um 23:06 Uhr auf: facebook.com/Amazon.de [Deutsche Amazon-Fanseite]

O'Connor, S. (2013) Sarah: Amazon unpacked. Financial Times Magazine. Februar 2013.
URL: http://www.ft.com/intl/cms/s/2/ed6a985c-70bd-11e2-85d0-00144feab49a.html#slide0, Abruf: 26.05.2020

Paterson, T. (2013) Amazon 'used neo-Nazi guards to keep immigrant workforce under control' in Germany. The Independent. Februar 2013.
URL: http://www.independent.co.uk/news/world/europe/amazon-used-neonazi-guards-to-keep-immigrant-workforce-under-control-in-germany-8495843.html, Abruf: 26.05.2020

Pril (2011) Liebe Freunde, wir diskutieren gerne mit euch, aber bitte bleibt sachlich. [Facebook-Post], veröffentlicht am 17.05.2011 auf: facebook.com/PrilDeutschland [Deutsche Pril-Fanseite]

PR Report (2017) Sieben Strategien gegen die Krise. Juli 2017. Johann Oberauer GmbH: Salzburg-Eugendorf.
URL: https://www.prreport.de/singlenews/uid-11918/sieben-strategien-gegen-die-krise/, Abruf: 29.05.2020

Sab Rina (2013) Faschisten, Abzocker, Menschenhändler [Facebook Kommentar], veröffentlicht am 14.02.2013 um 01:58 Uhr auf: facebook.com/Amazon.de [Deutsche Amazon-Fanseite]

YouTube (2013) ARD Reportage: Ausgeliefert! Leiharbeiter bei Amazon | Reportage & Dokumentation | ARD

URL: http://www.youtube.com/watch?v=xdrkY_NpgrY, Abruf: 26.05.2020